AF602297

25 janvier 1894 P. N

CATALOGUE

DE

BONS LIVRES

EN BELLE CONDITION

DE LA BIBLIOTHÈQUE DE FEU M. A. P.

VENTE AUX ENCHÈRES PUBLIQUES

LES JEUDI 25 ET VENDREDI 26 JANVIER 1894,

à 7 heures 1/2 du soir

dans la Salle de Ventes de la Librairie A. CLAUDIN

16, Rue Dauphine, 16

(*Au rez-de-chaussée, première cour, à droite*),

Par le Ministère de Me G. BOULLAND, Commissaire-Priseur,

26, Rue des Petits-Champs, 26.

On y remarque :

BOSSUET. Œuvres. édit. de Lebel, 47 vol. in-8, v. fauve (No 18). — DESCARTES. Œuvres, publ. par Vict. Cousin. 12 vol. in-8, dem. rel. (No 53). — HIPPOCRATE. Œuvres publ. par Littré. 10 vol. gr. in-8. (No 69). — ARISTOPHANIS Comœdiæ. 1710. In-fol. Exemplaire annoté par PAUL-LOUIS COURIER. (No 130). — CICÉRON. Œuvres, trad. par Jos.-Vict Leclerc. 30 vol. in-8, dem.-rel. mar. bleu. *Bel exemplaire en grand papier vélin.* (No 166). — CLASSIQUES LATINS publ. par Barbou. 53 vol. in-12, v. m., fil. tr. dor. (No 169). — CLASSIQUES LATINS publ. par Panckoucke, 2e série. 32 vol. in-8, dem.-rel., mar. rouge (No 172). — CORPUS SCRIPTORUM HISTORIÆ BYZANTINÆ, edid. Niebuhr. 48 vol. in-8, dem.-rel (No 208). — COLLECTION DES MÉMOIRES RELATIFS A L'HISTOIRE DE FRANCE, publ. par Guizot. 31 vol. in-8, dem.-rel. (No 230). — COLLECTION DES MÉMOIRES RELATIFS A L'HISTOIRE DE FRANCE, publ. par Michaud et Poujoulat. 33 vol. gr. in-8, dem.-rel. (No 133), etc., etc.

PARIS

A. CLAUDIN, LIBRAIRE-EXPERT ET PALÉOGRAPHE

16, Rue Dauphine, 16

M . D . CCC . XCIV.

A. CLAUDIN. Libraire-Expert et Paléographe.

SOUS PRESSE :

CATALOGUE

DE

LIVRES RARES ET CURIEUX

PROVENANT DE LA PARTIE RÉSERVÉE

DE LA

Collection de Feu M. HENRI BORDIER

ET DE LA

Bibliothèque de M. le Comte d'E...

DONT

LA VENTE AUX ENCHÈRES PUBLIQUES

AURA LIEU PROCHAINEMENT (EN FÉVRIER OU EN MARS).

Les personnes qui désireraient recevoir le Catalogue de cette vente importante qui comprend environ 1200 numéros, sont priées de se faire inscrire, dès à présent, à la Librairie A. Claudin, 16, rue Dauphine, à Paris, le tirage étant très limité.

CONDITIONS DE LA VENTE

Les acquéreurs paieront, suivant l'usage, 5 0/0 en sus des enchères, applicables aux frais de vente.

Le Libraire-expert se réserve la faculté de diviser ou de réunir les articles selon qu'il le jugera utile dans l'intérêt de la vente.

Les livres sont vendus complets et conformes à l'annonce du Catalogue. Néanmoins, l'exposition mettant chacun à même d'examiner et de vérifier à loisir, il ne sera repris aucun article que dans le cas où les livres seraient notoirement incomplets. Les réclamations de ce chef devront être faites dans les 24 heures de l'adjudication, terme de rigueur.

Une fois sortis de la salle, les livres ne seront repris pour aucune cause.

La Librairie A. CLAUDIN se charge des commissions des personnes qui ne pourraient assister à la vente moyennant la commission d'usage.

Exposition. — Il y aura exposition de deux heures et demie à quatre heures et demie de l'après-midi, chaque jour de vente.

ORDRE DES VACATIONS

1re Vacation : Jeudi 25 janvier

Nos 1 à 130.

LIVRES EN LOTS.

2e Vacation : Vendredi 26 janvier

No 131 à la fin.

LIVRES EN LOTS.

CATALOGUE

DE

BONS LIVRES

EN BELLE CONDITION

THÉOLOGIE

1. — Vetus Testamentum græcum ex versione Septuaginta interpretum. *Londini,* 1653, pet. in-4, rel. peau de truie, compart. de fil. à froid, tr. rouges. — Novum Testamentum græce, edid. C. Tischendorf. *Lipsiæ*, 1859, pet. in-8, dem.-rel. mar. Lavall. à nerfs, tête dor., non rog. — Ens. 2 vol.

2. — Vetus Testamentum ex versione Septuaginta interpretum (græce), edid. J. Jac. Breitingerus. *Tiguri*, 1730, 4 vol. in-4, front. et vign. grav., rel. pl. en peau de truie, tr. rouges.

3. — Vetus Testamentum græcum juxta Septuaginta interpr. cum latina translat. J. N. Jager. *Parisiis*, 1839, 2 vol. gr. in-8, dem.-rel. mar. viol., tr. dor. — Novum Testamentum gr. et lat. notav. Jager et Const. Tischendorf. *Parisiis*, 1842, gr. in-8, dem.-rel. mar. viol., tr. marbr. — Ens. 3 vol.

4. — Vetus Testamentum græce juxta LXX interpr. ed. Const. Tischendorf. *Lipsiæ*, 1860, 2 vol. gr. in-8, dem.-rel. mar. vert avec coins, tête dor., non rog. — Evangelia apocrypha, edid. Const. Tischendorf. *Lipsiæ*, 1853, gr. in-8, dem.-rel. maroq. vert, tête dor., non rog. — Acta Apostolorum apocrypha, edid. C. Tischendorf. *Lipsiæ*, 1851, gr. in-8, dem.-rel. maroq. bleu, avec coins, tête dor., non rog. — Apocalypses apocryphæ, edid. C. Tischen-

dorf. *Lipsiæ*, 1866, gr. in-8, dem.-rel. mar. bleu, avec coins, tête dor., non rog. — Ens. 5 vol.

5. — Novum Testamentum græce, ed. Ed. de Muralto. *Hamburgi*, 1848, pet. in-8, maroq. viol., fil. à froid, fleurons aux angles, dent. int., tr. dor. — Vie de Jésus, par le Dr Strauss, trad. par E. Littré. *Paris*, 1839, 2 vol. in-8, dem.-rel. mar. noir. — Ens. 3 vol.

6. — Novum Testamentum græce, recens. Const. Tischendorf. *Lipsiæ*, 1859, pet. in-8, maroq. bleu, compart. de fil. à froid, fleurons dorés aux angles, dent. int., tr. dor. — Lexicon græco-latinum in libros Novi Testamenti, auct. Car. Grimm. *Lipsiæ*, 1868, gr. in-8, dem.-rel. mar. vert avec coins, tr. dor. — Ens. 2 vol.

7. — Novum Testamentum græce, recens. Const. Tischendorf. *Lipsiæ*, 18.9, 2 tom. en 1 vol. gr. in-8, dem.-rel. mar. vert avec coins, tête dor., non rog. — Grammatica græcitatis Novi Testamenti composuit J. Theod. Beelen. *Lovanii*, 1857, gr. in-8, dem.-rel. v. f. — Ens. 2 vol.

8. — The greek Testament, with a critically revised text by H. Alford. *London*, 1863, 4 vol. gr. in-8, v. viol., milieu et fil. à froid sur les plats, tr. rouges.

9. — Novum Testamentum græce, ex Sinaitico codice, edid. Const. Tischendorf. *Lipsiæ*, 1865, gr. in-8, fac-simile, dem.-rel. mar. vert avec coins, tête dor., non rog. — Codex apocryphus Novi Testamenti, edid. J. Car. Thilo. *Lipsiæ*, 1832, in-8, dem.-rel. v. f. (*Seul vol. publié*). — Synopsis evangelica ex quatuor evangeliis ordine chronolog. concinnavit, recens. Const. Tischendorf. *Lipsiæ*, 1864, gr. in-8, dem.-rel. mar. vert avec coins, tête dor., non rog. — The syntax and synonyms of the greek Testament, by W. Webster. *London*, 1864, gr. in-8, cart. perc., non rog. — Ens. 4 vol.

10. — Les livres du Nouveau Testament, trad. pour la prem. fois d'après le texte grec le plus anc. avec les variantes de la Vulgate latine, par Rilliet. *Genève*, 1860, 2 vol. gr. in-8, dem.-rel. mar. rouge avec coins, tr. marbr. — Synonymes du Nouveau Testament, par R.-C. Trench, trad. de l'angl. par C. de Faye. *Bruxelles*, 1869, in-8, dem.-rel. maroq. viol. avec coins, tr. marbr. — Ens. 3 vol.

11. — Les Evangiles apocryphes, trad. et annotés d'après l'édit. de J.-C. Thilo, par G. Brunet. *Paris*, 1848, in-12, dem.-rel. mar. noir. — Etudes sur les Evangiles apocryphes, par Mich. Nicolas. *Paris*, 1866, in-8, dem.-rel. maroq. bleu, avec coins, tr. marbr. — Le Symbole des Apôtres, essai histor., par Mich. Nicolas. *Paris*, 1867, in-8, dem.-rel. maroq. bleu avec coins, tr. marbr. — Ens. 3 vol.

12. — Etudes critiques sur la Bible, par Aug. Nicolas. *Paris*, 1864, 2 vol. in-8, dem.-rel. maroq. bleu avec coins, tr. marbr. — The hidden wisdom of Christ and key of knowledge, or history of the apocrypha, by E. de Bunsen. *London*, 1865, 2 vol. gr. in-8, cart. perc., non rog. — Ens. 4 vol.

13. — D. F. Strauss. Nouv. vie de Jésus, trad. de l'allemand par A. Nefftzer et Ch. Dollfus. *Paris*, *s. d.*, 2 vol. in-8, dem.-rel. maroq. Lavall., avec coins, tr. marbr.

14. — S. Basilii Cæsareæ Cappadociæ archiep. Opera omnia quæ exstant (gr. et lat.) cum notis Jul. Garnier. *Parisiis*, 1839, 6 vol. gr. in-8, rel. pl. en peau de truie, tr. dor.

15. — Tertullien et S. Augustin, Œuvres choisies, avec la traduct. en français sous la direct. de Nisard. *Paris*, 1845, gr. in-8, dem.-rel. peau de truie. — Etudes sur les Pères de l'Eglise, par J.-P. Charpentier. *Paris*, 1853, 2 vol. in-8, dem.-rel. maroq. viol. avec coins, tr. marbr. — Ens. 3 vol.

16. — Lettres de S. Jérôme, trad. en français, avec le texte en regard, par J.-F. Grégoire et Z. Collombet. *Lyon*, 1837-1840, 6 vol. in-8, dem.-rel. v. f., tr. marbr.

17. — Œuvres de Salvien, traduct. nouv. avec le texte en regard, par J.-F. Grégoire et F.-Z. Collombet. *Lyon*, 1833, 2 vol. in-8, dem.-rel. mar. viol. — Œuvres de S. Vincent de Lérins et de S. Eucher de Lyon, traduct. nouv. avec le texte en regard, par J.-F. Grégoire et F.-Z. Collombet. *Lyon*, 1834, in-8, dem.-rel. v. f., tr. marbr. — Hymnes de Synésius, trad. du grec en franç. avec le texte en regard, par J.-F. Grégoire et F.-Z. Collombet. *Lyon*, 1836, in-8, dem.-rel. v. ant., avec coins. — Itinéraire de Rutilius Claudius Namatianus ou son retour de Rome dans les Gaules, texte latin avec le franç. en regard, par F.-Z. Collombet. *Lyon*, 1842, in-8, dem.-rel. mar. bleu. — Hist. civ. et relig. des lettres latines aux IVe et Ve siècles, par F.-Z. Collombet. *Lyon*, 1839, in-8, dem.-rel. mar. viol. — Ens. 6 vol.

18. — Œuvres de Bossuet, évêque de Meaux. *Versailles, Lebel*, 1815-1819, 43 vol., port. — Hist. de J.-B. Bossuet, évêque de Meaux, par L.-Fr. de Bausset. *Versailles*, 1814, 4 vol., port. — Ens. 47 vol. in-8, v. fauve, dent. à froid, tr. dor.

Bel exemplaire en PAPIER VÉLIN.

19. — Œuvres de Franç. de Salignac de La Mothe-Fénelon, précepteur des enfants de France, archevêque duc de Cambrai. *Paris*, 1787-92, 9 vol. in-4, port. gravé par St-Aubin, v. m.

20. — Œuvres de Bourdaloue. *Paris*, 1837, 3 vol. gr. in-8, dem.-rel. maroq. violet.

21. — Hist. des trois premiers siècles de l'Eglise chrétienne, par E. de Pressensé. *Paris*, 1858-61, 4 vol. in-8, dem.-rel. mar. rouge avec coins, tr. marb.

22. — Histoire de la théologie chrétienne au siècle apostolique, par Ed. Reuss. *Strasbourg*, 1864, 2 vol. in-8, dem.-rel. maroq. Laval. avec coins, tr. marb. — Etudes crit. sur l'Evangile selon S. Matthieu, par A. Réville. *Leide*, 1862, gr. in-8, dem.-rel. maroq. bleu, avec coins, tr. marb.— Ens. 3 vol.

23. — Histoire des dogmes chrétiens, par Eug. Haag. *Paris*, 1862, 2 vol. gr. in-8, dem.-rel. maroq. vert, avec coins, tr. marb.

24. — Dictionnaire des hérésies, des erreurs et des schismes (par Pluquet). *Besançon*, 1817, 2 vol. in-8, dem.-rel. mar. noir avec coins, tr. marb. — Hist. du Canon des Saintes-Ecritures dans l'Eglise chrétienne, par Ed. Reuss. *Strasbourg*, 1863, in-8, dem.-rel. mar. bleu avec coins, tr. marb. — Ens. 2 vol.

25. — Hist. des institutions de Moïse et du peuple hébreu, par J. Salvador. *Paris*, 1828, 3 vol. in-8, v. rac., dent.

26. — Le Bouddha et sa religion, par J. Barthélemy Saint-Hilaire. *Paris*, 1860, in-8, dem.-rel. maroq. vert avec coins, tr. marb.

JURISPRUDENCE

27. — Theophili antecessor. paraphrasis græca Institutionum Cæsarearum cum notis integris P. Nannii, J. Curtii, D. Gothofredi, etc. *Hagæ Comitis*, 1751, 2 vol. in-4, dem.-rel. maroq. bleu avec coins, fil., non rogné.

28. — Recherches sur la condition civile et polit. des femmes, depuis les Romains jusqu'à nos jours, par Ed. Laboulaye. *Paris*, 1843, in-8, dem.-rel. mar. noir.

29. — Etude sur les tribunaux athéniens et les plaidoyers civils de Démosthène, par V. Cucheval.

Paris, 1863. — Essai sur les plaidoyers de Démosthène, par A. Desjardins. *Paris*, 1862, 2 ouvr. en 1 vol. in-8, demi-rel. mar. rouge avec coins, tr. marb. — Explication des passages de droit privé contenus dans les œuvres de Cicéron, par G. de Caqueray. *Paris*, 1857, gr. in-8, demi-rel. mar. bleu avec coins, tête dor., non rog. — Ens. 2 vol.

30. — Le Barreau romain, recherches et études sur le barreau de Rome, depuis son orig. jusqu'à Justinien, par Th. Grellet-Dumazeau. *Moulins*, 1851, in-8, demi-rel. maroq. noir avec coins, tr. marb. — L'Eloquence sous les Césars, par Amiel. *Paris*, 1864, in-8, br. — Ens. 2 vol.

31. — Hist. du Droit français, par F. Laferrière. *Paris*, 1838, 2 vol. in-8, demi-rel. mar. noir.

32. — De la Profession d'avocat, discours prononcés par F. Liouville. *Paris*, 1864, gr. in-8, demi-rel. mar. rouge avec coins, tête dor., non rog.

Tiré à 52 ex. sur grand papier jésus de Hollande. — Envoi d'auteur signé.

33. — Règles de la profession d'avocat, par Mollot. *Paris*, 1866, 2 vol. gr. in-8, br. — Fél. Liouville. De la profession d'avocat. *Paris*, 1868, in-12, br. (*Un des 25 ex. sur grand papier de Hollande*). — Ens. 3 vol.

34. — Annales du Barreau français, ou choix des plaidoyers et mémoires les plus remarquables. *Paris*, 1822-1841, 19 vol. in-8, demi-rel., mar. viol.

Les tomes I et XI (1re partie) manquent.

35. — Le Barreau, par O. Pinard. *Paris*, 1843. — L'Histoire à l'audience, par O. Pinard. *Paris*, 1848. — Le Barreau de Bordeaux, par H. Chauvot. *Paris*, 1856. — Ens 3 vol. in-8, demi-rel. mar. vert avec coins, tr. marb.

36. — Plaidoyers de Philippe Dupin, discours et pièces div. publ. par son fils Eug. Dupin. *Paris*, 1868, 3 vol. gr. in-8, br.

36 *bis*. — Le Parlement de Paris, par Ch. Desmaze. *Paris*, 1860, in-8, dem.-rel. v. gris, tr. marb. — Etudes biograph. pour servir à l'hist. de l'anc. magistrature française, par C.-A. Sappey. *Paris*, 1858, in-8, dem.-rel. mar. vert avec coins, tr. marb. — Le chancelier d'Aguesseau, par F. Monnier. *Paris*, 1860, in-8, dem.-rel. mar. bleu avec coins, tr. marb. — Ens. 3 vol.

SCIENCES ET ARTS

37. — De la logique d'Aristote, par J. Barthélemy Saint-Hilaire. *Paris*, 1838, 2 vol. in-8, br.

37 *bis* — Essai sur la métaphysique d'Aristote, par F. Ravaisson. *Paris*, 1837, 2 vol. in-8, dem.-rel. mar. vert avec coins, tr. marb.

38. — Platonis Opera gr. et lat. ex recens. Im. Bekkeri. *Berolini*, 1816-1823, 10 vol. in-8, dem.-rel. v. ant. — Lexicon Platonicum, condidit Frid. Astius. *Lipsiæ*, 1835, 3 vol. in-8, dem.-rel. mar. noir. — Ens. 3 vol.

39. — Platonis omnia græce recens. Im. Bekker. *Londini*, 1826, 11 vol. gr. in-8, port., dem.-rel. v. f., avec coins, tr. marb.

40. — Œuvres complètes de Platon, traduct. Dacier et Grou, révisées avec notes et arguments par Chauvet et Saisset. *Paris*, 1861, 10 vol. in-12, dem.-rel. mar. rouge avec coins, tr. marb.

41. — Epicteti gr. et lat. recens. J. Uptonus. *Londini*, 1741, 2 vol. pet. in-4, front. gravé, v. brun, fil., tr. rouges. — Dion. Longinus de Sublimitate, recens. Nat. Morus. *Lipsiæ*, 1769, in-8, front. gravé, v. rac., dent. — Ens. 3 vol.

42. — Athenæi Naucratitæ Deipnosophistarum lib. XV, nova latina versione et animadvers. illustr. J. Schweighæuser. *Argentorati*, 1801-1807, 14 vol.

gr. in-8, dem.-rel. mar. vert avec coins, tête dor., non rog. — Additamenta animadversionum in Athenæum, auct. Frid. Jacobs. *Ienæ*, 1809, gr. in-8, v. porph., dent., tr. dor. — Ens. 15 vol.

43. — Jamblichi Chalcidensis, de vita Pythagorica, gr. et lat. acced. Malchus, sive Porphyrius, de vita Pythagoræ, cum notis L. Holstenii et Conr. Rittershusii. *Amstelod.*, 1707, in-4, front., vél. de Hollande, dent. sur les plats.

Exemplaire en Grand-Papier, aux armes de la ville d'Amsterdam.

44. — J. Stobæi Eclogarum physicarum et ethicarum lib. duo, cum annotat. et versione latina a A.H. Ludov. Heeren. *Gottingæ*, 1792-1801, 4 vol. — J. Stobæi Florilegium, emendav. Th. Gaisford. *Lipsiæ*, 1823, 4 vol. — Ens. 8 vol. in-8, v. rac.

45. — De la Vieillesse et de l'Amitié, traités de Cicéron, trad. par Plougoulm. *Paris*, 1841, in-12, dem.-rel. maroq. Laval. avec coins, tr. marb.

Tiré à très petit nombre et non mis dans le commerce.

46. — Jac. Bruckeri Historia critica philosophiæ a mundi incunabulis ad nostram usque ætatem deducta. *Lipsiæ*, 1767, 6 tom. en 5 vol. in-4, port., v. m.

47. — Histoire de l'école d'Alexandrie, par J. Simon. *Paris*, 1845, 2 vol. in-8, dem.-rel. mar. noir.

48. — Histoire critique de l'école d'Alexandrie, par E. Vacherot. *Paris*, 1846, 3 vol. in-8, dem.-rel. mar. Laval. avec coins, tête dor., non rog. (*Lettre autographe de l'auteur ajoutée*).

49. — Histoire des théories et des idées morales dans l'antiquité, par J. Denis. *Paris*, 1856, 2 vol. in-8, dem.-rel. maroq. Laval. avec coins, tr. marbr. — Mahomet et le Coran, par J. Barthélemy St-Hilaire. *Paris*, 1865, in-8, dem.-rel. maroq. Laval. avec coins, tr. marb. — Vie de Jésus, par E. Renan. *Paris*, 1867, in-8, dem.-rel. maroq. Laval. avec coins, tr. marb. — Ens. 4 vol.

50. — De la Philosophie scolastique, par B. Hauréau. *Paris*, 1850, 2 vol. in-8, dem.-rel. mar. noir avec coins, tr. marb.

51. — Essais de Mich. de Montaigne. *Paris*, *Lefèvre*, 1818, 6 vol. in-8, dem.-rel. v. bleu. — De la Sagesse, par P. Charron, avec des sommaires et des notes, par Amaury Duval. *Paris*, 1827, 3 vol. in-8, dem.-rel. mar. Laval. avec coins, tr. marb. — Ens. 9 vol.

52. — Œuvres philosophiques de Bacon, publ. par N. Bouillet. *Paris*, 1834, 3 vol. in-8, dem.-rel. maroq. Laval., tr. marb. — Œuvres de Leibniz. *Paris*. 1842, 2 vol. in-12, dem.-rel. mar. noir. — Œuvres de Spinosa. *Paris*, 1842, 2 vol. in-12, dem.-rel. mar. noir. — Ens. 7 vol.

53. — Œuvres de Descartes, publ. par V. Cousin. *Paris*, 1824-26, 12 vol. in-8 (dont 1 de planches), dem.-rel. mar. vert.

54. — Pensées, fragments et lettres de Blaise Pascal, publ. pour la prem. fois conformément aux manuscrits, par P. Faugère. *Paris*, 1844, 2 vol. in-8, port., dem.-rel. mar. rouge.

55. — Œuvres de Locke et Leibnitz. *Paris*, 1839, gr. in-8, dem.-rel. cuir de Russie, tr. marb. — Essais de philosophie et d'hist. religieuse, par Mich. Nicolas. *Paris*, 1863, in-8, dem.-rel. maroq. bleu avec coins, tr. marb. — Essais de philosophie religieuse, par Em. Saisset. *Paris*, 1859, gr. in-8, dem.-rel. maroq. viol. avec coins, tr. marb. — L'Idée de Dieu, par E. Caro. *Paris*, 1864, in-8, dem.-rel. mar. rouge avec coins, tr. marb. — Ens. 4 vol.

56. — De la Morale naturelle (par Meister). *Paris*, 1788, in-12, maroq. rouge, fil. à froid, tr. dor. (*Rel. ancienne*).

Exemplaire en papier vélin.

57. — Œuvres philosophiques de V. Cousin. *Paris*, 1828-1843, 9 vol. in-8, dem.-rel. mar. vert.

58. — Aristotelis Politica et Œconomica (græce) ex edit. Frid. Sylburgii. *Oxonii*, 1810, 2 tom. en 1 vol. in-8, dem.-rel. v. rouge, non rog. — La rhétorique d'Aristote, grec-français, traduct. nouvelle, par E. Gros. *Paris*, 1822, in-8, dem.-rel. mar. vert. — Aristotelis Ethicorum Nicomacheorum, lib. decem. *Oxonii*, 1716, in-8, front. gravé, dem.-rel. v. f. avec coins. — Aristotelis de animalibus historiæ lib. X, gr. et lat. recens. J. G. Schneider. *Lipsiæ*, 1811, 4 vol in-8, dem.-rel. mar. noir avec coins, tête dor., non rog. — Ens. 7 vol.

59. — Politique d'Aristote, trad. en franç par J. Barthélemy St-Hilaire. *Paris*, 1837, 2 vol. gr. in-8, dem.-rel. mar. Laval., tête dor.. non rog.

60. — Economistes financiers du XVIIIe siècle (Vauban. — Boisguilbert. — J. Law. — Melon. — Dutot), préc. de notices histor. sur chaque aut. et accomp. de comment. et de notes explicat., par E. Daire. *Paris*, 1843, gr. in-8, port., dem.-rel. mar. vert avec coins, tr. marb. — Traité d'économie politique, par J.-B. Say. *Paris*, 1841, gr. in-8, dem.-rel. mar. vert avec coins, tr. marb. — Ens. 2 vol.

61. — Cours d'économie politique, par P. Rossi. *Paris*, 1840, 2 vol. in-8, dem.-rel. mar. noir. — Œuvres de Saint-Simon, publ. par O. Rodrigues. *Paris*, 1841, in-8, dem.-rel. mar. noir, avec coins, tr. marbr. — Doctrine de Saint-Simon. *Paris*, 1831, in-8, dem.-rel. mar. noir. — Religion saint-simonienne. Procès devant la Cour d'assises de la Seine. *Paris*, 1832, in-8, dem.-rel. mar. noir. — Ensemble 5 vol.

62. — Histoire de l'administration monarchique en France, dep. l'avènement de Philippe-Auguste jusqu'à la mort de Louis XIV, par A. Chéruel. *Paris*,

s. d, 2 vol. in-8, dem.-rel. maroq. Lavall., avec coins, tr. marb.

63. — De la Démocratie en Amérique, par A. de Tocqueville. *Paris*, 1840, 4 vol. in-8, dem.-rel. mar. vert.

64. — Histoire de l'assistance publique dans les temps anc. et mod., par Alph. Monnier. *Paris*, 1857, gr. in-8, dem.-rel. maroq. Lavall., avec coins, tr. marb.

65. — Theophrasti Eresii de Historia plantarum lib. decem, græce, cur. J. Stackhouse. *Oxonii*, 1813, 2 vol. pet. in-8, portr., dem.-rel. maroq. vert, avec coins, tête dor., non rog.

66. — Æliani de Natura animalium lib. XVII, gr. et lat., edidit Jo. Got. Schneider. *Lipsiæ*, 1784, in-8, maroq. rouge, dent. sur les plats, doublé de tabis bleu, tr. dor. (*Bozérian*).

67. — C. Plinii Secundi Naturalis Historia, cum notis variorum. *Lugd. Batav.*, 1669, 3 vol. in-8, front. gravé, v. m. — L'Economie rurale de Columelle, trad. par L. du Bois. *Paris*, 1844, 3 vol. in-8, dem -rel. mar. noir. — Ens 6 vol.

68. — Histoire naturelle de Pline, avec la traduct. en franç., par E. Littré. *Paris*, 1855, 2 vol. gr. in-8, dem.-rel. mar. vert, avec coins, tête dor., non rog.

69. — Œuvres compl. d'Hippocrate, traduct. nouv. avec le texte grec en regard, accomp. d'une introduct., de commentaires médicaux, de variantes et de notes philolog. par E. Littré. *Paris*, 1839-61, 10 vol. gr. in-8, dem.-rel. mar. noir.

70. — La Magie et l'Astrologie dans l'antiquité et au moyen-âge, par Alfr. Maury. *Paris*, 1860, in-8, dem.-rel. maroq. Lavall., avec coins, tr. marb.

71. — Manuel de l'hist. générale de l'architecture chez tous les peuples et particul. de l'architecture en France au moyen-âge, par D. Ramée. *Paris*,

1843, 2 vol. in-12, fig, dans le texte, dem.-rel. chagr. noir, tr. marb.

BELLES-LETTRES

72. — Hesychii Lexicon (græcè) cum variis doctorum virorum notis, cur. Corn. Schrevelio. *Lugd. Batav.*, 1668, in-4, maroq. rouge, fil., tr. dor. (*Rel. ancienne*).

Bel exemplaire.

73. — Grammaire raisonnée de la langue grecque, par Aug. Matthiæ, trad. en français par J.-F. Gail et E.-P.-M. Longueville. *Paris*, 1831, 3 vol. in-8, dem.-rel. v. f.

74. — Grammaire grecque, par Fréd. Dübner. *Paris*, 1857, in-8, dem.-rel. maroq. Lavall., avec coins, tr. marbr. — J. Morison. Duncanii Novum lexicon græcum ex Christ. Tobiæ Damnii lexico Homerico-Pindarico, emendav. Frid. Rost. *Lipsiæ*, 1831, gr. in-4, dem.-rel. v. f. — Ens. 2 vol.

75. — Dictionnaire grec-français, par C. Alexandre. *Paris*, 1861. — Dictionnaire grec-français et français-grec, par Ch. Byzantius. *Athènes*, 1856. — Ensemble 2 vol. gr. in-8, dem.-rel. mar. vert, tr. marb.

76. — L'Hellénisme en France, leçons sur l'influence des études grecques, par E. Egger. *Paris*, 1869, 2 vol. in-8, br. — Essai sur l'hist. de la critique chez les Grecs, par E. Egger. *Paris*, 1849, in-8, dem.-rel. mar. noir, avec coins, tr. marb. — Traité de la formation des mots dans la langue grecque, par Ad. Regnier *Paris*, 1855, in-8, dem.-rel. mar. Lavall., avec coins, tr. marb. — Ens. 4 vol.

77. — Dictionnaire latin-français, par L. Quicherat et A. Daveluy. *Paris*, 1861 — Thesaurus poeticus linguæ latinæ, collegit L. Quicherat. *Paris*, 1859.

— Ens. 2 gros vol. gr. in-8, dem.-rel. mar. vert, tr. marb.

78. — Dictionnaire roman, walon, celtique et tudesque, pour servir à l'intellig. des anc. loix et contrats, des chartes, etc., écrits en langue romane ou langue françoise anc., par un religieux bénédictin de la Congrégation de S. Vannes (dom Jean François). *Bouillon*, 1777, in-4, v. m.

79. — Dictionnaire du vieux langage françois, par Lacombe. *Paris*, 1766, 2 vol. in-8, v. m.

80. — De l'origine du langage, par E. Renan. *Paris*, 1858, in-8, dem.-rel. mar. Lavall., avec coins, tr. marb. — Conformité du langage françois avec le grec, par Henri Estienne; édit. accompagn. de notes par L. Feugère. *Paris*, 1853, in-12, dem.-rel. mar. Lavall., avec coins, tr. marb. — Ens. 2 vol.

81. — Demosthenis Orationes (græcè) edid. Im. Bekker. *Lipsiæ*, 1854, 3 vol. in-8, dem.-rel. maroq. rouge, avec coins, tête dor., non rog.

82. — Oratores Attici ex recens. Im. Bekkeri. *Berolini*, 1823-24, 5 vol. in-8, rel. pl. en mar. Lavall., compart. de fil. à froid, coins ornés, dent. int., mors en maroq., tr. dor.

83. — Oratores Attici (græcè) ex recens. Im. Bekkeri. *Berolini*, 1823-24, 5 vol. in-8, dem.-rel. v. vert, tr. marb. — Essais sur le droit public de la République athénienne, par G. Perrot. *Paris*, 1867, in-8, dem.-rel. mar. vert, avec coins, tr. marb. — Ens. 6 vol.

84. — Oratores Attici (græce), opera et studio Gul. St. Dobson. *Londini*, 1828, 16 vol. in-8, dem.-rel., mar. noir.

85. — Etudes critiques sur le traité du Sublime et sur les écrits de Longin, par L. Vaucher. *Genève*, 1854, gr. in-8, dem.-rel. mar. vert, avec coins, tête dor., non rog.

86. — Essai d'institutions oratoires, par Delamalle. *Paris*, 1822, 2 vol. in-8, dem.-rel. mar. viol., avec coins, tr. marb. — Profession d'avocat, rec. de pièces concern. l'exercice de cette profession, par Dupin aîné. *Paris*, 1832, 2 vol. in-8, pap. vélin, dem.-rel. v. f. — Ens. 4 vol.

87. — Eloges lus dans les séances publiques de l'Académie de médecine (1845-1863), par E.-F. Dubois (d'Amiens). *Paris*, 1864, 2 vol. in-8, dem.-rel. mar. vert, avec coins, tr. marb.

88. — Homeri Ilias et Odyssea, cum latina versione, accur. Corn. Schrevelio. *Amstel., ex offic. Elzevir.*, 1656, 2 vol. in-4, front. gravé, v. éc., dent. — J. Georg. Berndtii Lexicon Homericum. *Stendaliæ*, 1795, 2 vol. in-8, dem.-rel. mar. noir, avec coins, tr. marb. — Ens. 4 vol.

89. — Homeri carmina et cycli epici reliquiæ, gr. et lat. *Parisiis*, 1838, gr. in-8, dem.-rel. mar. violet, tr. dor. — Topographie et plan stratégique de l'Iliade, par G. Nicolaïdes. *Paris*, 1867, gr. in-8, carte, dem.-rel. mar. rouge, avec coins, tr. marb. — Ens. 2 vol.

90. — Homeri Opera (græce), edidit Guil. Bæumlein. *Lipsiæ*, 1854, 2 vol. in-8, mar. rouge, fil. à froid, dent. int., tr. dor.

91. — Hymni Homerici recens. A. Baumeister. *Lipsiæ*, 1860, in-8, dem.-rel. mar. bleu, avec coins, tr. marbr. — Apollonii sophistæ Lexicon græcum Iliadis et Odysseæ. *Lugd. Batav.*, 1788, in-8, rel. pl. en mar. bleu, compart. de fil. dorés et à froid, coins ornés, dent. int., tr. dor. — Des hymnes homériques, par H. Hignard *Paris*, 1864, gr. in-8, dem.-rel. mar. bleu, avec coins, tr. marb. — Ens. 3 vol.

92. — L'Iliade d'Homère, trad. en vers français, par J. Barthélemy St-Hilaire. *Paris*, 1868, 2 vol. in-8, br. — Les Hommes d'Homère, essai sur les mœurs de la Grèce aux temps héroïques, par S. Delorme.

Paris, 1861, in-8, br. — La Médecine dans Homère ou études d'archéologie sur les médecins dans les poèmes héroïques, par Ch. Daremberg. *Paris*, 1865, gr. in-8, br. — Ens. 4 vol.

93. — Quinti Calabri prætermissorum ab Homero lib. XIV græce, cum vers. latina Laur. Rhodomanni et adnotamentis Cl. Dausqueii. *Lugd. Batav.*, 1734, in-8, mar. rouge, fil., tr. dor. (*Bradel-Derome*).

Très bel exemplaire.

94. — Anthologia græca sive poetarum græcorum lusus ex recens. Brunckii, indicem et comment. adjecit Fr. Jacobs. *Lipsiæ*, 1794-1814, 13 vol. in-8, maroq. vert. compart. de fil. à froid, coins ornés, dent. int., tr. dor. — Analecta critica in Anthologiam græcam, cum supplem. collegit G. Huschke. *Lipsiæ*, 1800, in-8, v. bleu, fil. — Supplém. à l'Anthologie grecque, conten. des épigrammes et autres poésies légères inéd., préc. d'observations par N. Piccolos. *Paris*, 1853, in-8, dem.-rel. mar. vert, avec coins, tr. marbr. — Ens. 15 vol.

95. — Anthologie grecque, traduct. française avec des notices biograph. et littéraires sur les poètes de l'anthologie. *Paris*, 1863, 2 vol. in-12, dem.-rel. mar. vert, avec coins, tr. marb.

96. — Sibyllina Oracula, commentar. illust. opera et studio Servati Gallæi. *Amstelodami*, 1689, in-4, front. gravé, v. fauve.

Bel exemplaire aux armes de Bignon.

97. — Pindari Olympia, Nemea, Pythia, Isthmia, cum latina versione per Nic. Sudorium. *Oxonii*, 1697, in-fol., portr., v. f.

98. — Pindari Carmina cum lect. varietate et annotat. iterum curavit Chr. Got. Heyne. *Lipsiæ*, 1817, 3 vol. gr. in-8, vél. blanc, non rog.

99. — Anacreon Teius, poeta lyricus, summa cura et dilig. edid. J. Barnes. *Cantabrigiæ*, 1721, in-12,

portr., maroq. citron, fil., tr. dor. (*Rel. ancienne.*) — Theocriti reliquiæ gr. et lat. edid. Th. Kiessling. *Lipsiæ*, 1819, gr. in-8, dem.-rel. mar. vert, avec coins, tête dor., non rog. — Ens. 2 vol.

100. — Anacreontis Teii Carmina græce, recens. J. Fred. Fischerus. *Lipsiæ*, 1793, gr. in-8, dem.-rel. v. f., non rog. — Poésies militaires de l'antiquité ou Callinus et Tyrtée, texte grec, traduct polyglotte par A. Baron. *Bruxelles*, 1835, gr. in 8, dem.-rel. mar. rouge, avec coins, tête dor., non rog. — Babrii Fabulæ iambicæ, J. F. Boissonade recens. latine convertit et annot. *Parisiis*, 1844, gr. in-8, dem.-rel. v. vert, avec coins, tr. marb. — Ensemble 3 vol.

101. — Theocriti quæ extant, ex edit. Dan. Heinsii. *Glasguæ*, 1746. pet. in-4, v. f., fil., tr. dor. (*Exemplaire en grand papier*). — Odes de Pindare, traduct. nouv. par J.-F. Boissonade, publ. par E. Egger. *Grenoble*, 1867, pet. in-12, dem.-rel. maroq. rouge, avec coins, tête dor., non rog. — Ens. 2 vol.

102. — Theocriti cum scholiis græcis et comment. addidit J. Jac. Reiske. *Viennæ*, 1765, 2 tom. en 1 vol. pet. in-4, dem.-rel. mar. vert, non rogné.

Bel exemplaire de Renouard, qui y a ajouté 8 superbes gravures de Moreau et autres artistes, dont 2 avant la lettre,

103. — Hesiodi Ascræi, Orphei et Procli omnia, accur. Ant. Zanolini. *Patavii*, 1747, in-8, v. m., fil. — Apollonii Rhodii Argonauticorum lib. IV, ed. J. Shaw. *Oxonii*, 1779, 2 vol. in-8, dem.-rel. maroq. rouge, non rog. — Ens. 3 vol.

104. — Sapphus, poetriæ Lesbiæ. fragmenta et elogia gr. et lat. cum notis J. C. Wolfii. *Londini*, 1733, in-4, front. gravé, v. rac. — Mulierum Græcarum quæ orat. prosa usæ sunt fragmenta et elogia gr. et lat. cum notis et indic. ; acced. catalogus fæminarum sapientia artibus script. apud Græcos, Romanos, cur. J. C. Wolfius. *Hamburgi*, 1735, in-4,

v. m., fil. — Poetriarum octo Erinnæ, Myrus, Myrtidis, Corinnæ, Telesillæ, Praxillæ, Nossidis, Anytæ, fragmenta et elogia, gr. et lat. cum notis J. C. Wolfii. *Hamburgi*, 1734, in-4, v. m., fil. — Ens. 3 vol.

105. — Poetæ lyrici græci (græce), recens. Th. Bergk. *Lipsiæ*, 1853, gr. in-8, mar. vert, fil. à la Du Seuil, coins ornés, dent. int., tr. dor.

106. — Poetæ minores græci, cum lectionib. et indic. instruxit Th. Gaisford. *Lipsiæ*, 1823, 5 tom. en 2 vol. in-8, dem.-rel. mar. vert, avec coins.

107. — T. Lucretii Cari de rerum natura lib. sex, Car. Lachmannus recens. et emend. *Berolini*, 1860, gr. in-8, cuir de Russie, compart. de fil. à la Du Seuil, dent. intér., tr. dor.

108. — Lucrèce, traduct. nouvelle, avec des notes, par L* G** (La Grange). *Paris*, *Bleuet*, 1768, 2 vol. in-12, front. et fig. de Gravelot, mar. vert, dent., tr. dor. (*Rel. ancienne*).

109. — P. Virgilii Maronis, Bucolica, Georgica, et Æneis. *Birminghamiæ*, *Baskerville*, 1766, in-8, front. gravé, v. éc., fil., tr. dor. — Etudes grecques sur Virgile, par F.-G. Eichhoff. *Paris*, 1825, 3 vol. in-8, dem.-rel. v. f., tr. marb. — Ens. 4 vol.

110. — P. Virgilius Maro, varietate lect. et adnotat. illustrav. C. Got. Heyne. *Lipsiæ*, 1800, 6 vol. gr. in-8, front. et vignettes grav., dem.-rel. v., avec coins, tr. marb.

111. — Q. Horatius Flaccus recens. J. C. Orellius. *Turici*, 1846, 2 vol. in-8, dem.-rel. v. brun. — D. Jun. Juvenalis et A. Persii Flacci Satyræ cum notis variorum. *Lugd. Batav.*, 1658, in-8, front. gravé, v. f., fil., dent. int., tr. dor. – Ens. 3 vol.

112. — P. Ovidii Nasonis Opera, e textu Burmanni, cum notis Bentleii et alior. selectiss. *Oxonii*, 1825-26, 5 vol. gr. in-8, dem.-rel. mar. noir avec coins, tête dor., non rog.

113. — Ovide. Œuvres complètes, avec la traduct. en franç., publ. sous la direct. de Nisard. *Paris*, 1838, gr. in-8, dem.-rel. mar. vert, tr. dor.

114. — Catulli, Tibulli, et Propertii, opera. *Birminghamiæ, J. Baskerville*, 1772, pet. in-8, mar. rouge, fil., tr. dor. — T. Lucretii Cari de rerum natura lib. sex. *Birminghamiæ, J. Baskerville*, 1773, pet. in-8, mar. rouge, fil., tr. dor. — Ens. 2 vol.

115. — Anthologia veterum latinorum epigrammatum et poematum, cur. Pet. Burmanno. *Amstel.*, 1759, 2 vol. in-4, v. f., fil.

Très bel exemplaire.

116. — Poètes latins de la collection des Variorum. 5 vol. in-8, front. gravés, v. brun, dent. à froid, tr. dor. (*Thouvenin.*)

Ovidii Opera. *Lugd. Batav.*, 1662, 3 vol. — P. Papinii Statii Sylvarum. *Lugd. Batav.*, 1671, 1 vol. — Martialis Epigrammata. *Amstel.*, 1701, 1 vol.

117. — Poetæ latini minores, curav. J. C. Wernsdorf. *Altenburgi*, 1780-1799, 10 vol. in-8, v. porph., fil., tr. marb.

118. — Les œuvres de Franç. Villon (publ par E. de Laurière). *Paris, Coustelier*, 1723, pet. in-8, v. f., fil. — Poème inédit de Jehan Marot, publ. d'après un manuscrit de la Biblioth. impér , avec une introduct. et des notes, par G. Guiffrey. *Paris*, 1860, gr. in-8, fig., br. — Ens. 2 vol.

119. — Popularia carmina Græciæ recent. edid. Arn. Passow. *Lipsiæ*, 1860, gr. in-8, dem.-rel. mar. avec coins, tête dor., non rog. — De cantilenis popularibus veter. Græcorum, diss. H. Kœster. *Berolini*, 1831, in-8, dem.-rel. v. f., non rog. — Ens. 2 vol.

120. — Chants populaires de la Grèce moderne, rec. et publ. avec une traduct. française, par C. Fauriel. *Paris*, 1824, 2 vol. in-8, dem.-rel. v. ant.

121. — Chants du peuple en Grèce, par de Marcellus. *Paris*, 1851, 2 vol. in-8, dem.-rel. mar. Laval. avec coins, tr. marb.

122. — Euripidis Opera omnia (gr. et lat.). *Glasguæ*, 1821, 9 vol. gr. in-8, port., dem.-rel. mar. rouge, non rog.

123. — Euripidis Fabulæ et fragmenta (gr.-lat.), recognov. et collegit Th. Fix et Wagner, acced. indices et annotat. Fr. Dübner. *Parisiis*, 1846, 2 vol. gr. in-8, dem.-rel. mar. vert avec coins, tête dor., non rog.

124. — Euripidis Tragœdiæ, edid. Aug. Witzschel. *Lipsiæ*, 1855, 3 vol. in-8, rel. pl. en maroq. Laval., compart. de fil. à froid, coins ornés, dent. int., mors en maroq., tr. dor.

125. — Æschyli Tragœdiæ quæ supersunt ac deperditarum fragmenta, recens. et comment. illustr. Ch. God. Schütz. *Halæ*, 1809, 5 vol. in-8, dem.-rel. mar. violet.

126. — Æschyli Tragœdiæ (græce), recens. Aug. Wellauer. *Lipsiæ*, 1823, 2 vol. in-8, dem.-rel. — Lexicon Æschyleum, composuit Aug. Wellauer. *Lipsiæ*, 1830, in-8, dem.-rel. — Ens. 3 vol.

127. — Æschyli et Sophoclis tragœdiæ et fragmenta, gr. et lat. *Parisiis*, 1856, gr. in-8, dem.-rel. mar. vert avec coins, tête dor., non rog. — Lexicon Sophocleum, composuit Frid. Ellendt. *Regiomontii Prussorum*, 1835, 2 vol. in-8, dem.-rel. mar. vert avec coins, tête dor., non rog. — Ens. 3 vol.

128. — Æschyli tragœdiæ, recognov. Guil. Dindorfius. *Lipsiæ*, 1865, pet. in-8, maroq. Laval., compart. de fil. à froid, coins dorés, dent. int., tr. dor. — Theâtre d'Eschyle, traduct. nouv. par Al. Pierron. *Paris*. 1851, in-12, dem.-rel. maroq. Laval. avec coins, tr. marb. — Sophoclis tragœdiæ, edid. Th. Bergk. *Lipsiæ*, 1858, in-8, maroq. Laval.,

compart. de fil. à froid, coins ornés, dent. int., tr. dor. — Ens. 3 vol.

129. — Sophoclis quæ exstant omnia cum vet. grammaticorum scholiis, recens. Phil. Brunck. *Londini*, 1824, 4 vol. in-8, dem.-rel. mar. rouge, non rogné.

130. — Aristophanis Comœdiæ undecim, gr. et lat., colleg. et recens. Lud. Kusterus. *Amstelod.*, 1710, gr. in-fol., dem.-rel. mar. rouge avec coins, tr. dor.

Bel exemplaire dont les marges sont surchargées de notes autographes de PAUL-LOUIS COURIER.

131. — Aristophanis Comœdiæ (græce), emend. studio Ric. Fr. Phil. Brunck. *Argentorati*, 1783, 4 vol. in-8, front. gravé, v. rac., fil. — Menandri et Philemonis reliquiæ, edid. Aug. Meineke. *Berolini*, 1823, in-8, v. gran., dent. — Ens. 5 vol.

132. — Aristophanis Comœdiæ cum scholiis et varietate lectionis, recens. Imman. Bekkerus, acced. versio latina deperdit. comœdiarum fragmenta, et index. *Londini*, 1829, 5 vol. in-8, dem.-rel. v.fauve avec coins, dos orné, fil., tr. marb.

133. — Aristophanis Comœdiæ, acced. Menandri et Philemonis fragmenta, gr. et lat., ex recens. G. Dindorf, scholia græca in Aristophanem cum prolegomenis F. Dübner. *Parisiis*, 1838-42, 2 vol. — Xenophontis scripta quæ supersunt gr. et lat. *Parisiis*, 1838, 1 vol. — Ens. 3 vol. gr. in-8,dem.-rel. maroq. viol., tr. dor.

134. — Aristophanis Comœdiæ edid. Aug. Meineke. *Lipsiæ*, 1860, 2 vol. in-8, rel. pl. en maroq. Laval., compart. de fil. à froid, coins ornés, dent. int., mors en maroq., tr. dor.

135. — Essai histor. et littéraire sur la comédie de Ménandre, par Ch. Benoit. *Paris*, 1854, in-8,dem.-rel. mar. rouge avec coins, tête dor., non rog. — Ménandre, étude histor. et littéraire sur la co-

médie et la société grecques, par G. Guizot. *Paris*, 1855, in-8, port., dem.-rel. mar. Laval. avec coins, tr. marb. — Ens. 2 vol.

136. — Fragmenta Comicorum Græcorum, colleg. Aug. Meineke. *Berolini*, 1839-47, 3 vol. gr. in-8, dem.-rel. maroq. vert avec coins, tête dor., non rog.

137. — Pub. Terentii Afri Comœdiæ, accesser. variæ lectiones. *Londini*, 1752, 2 vol. gr. in-8, fig., mar. vert, large dent. à petits fers sur les plats, tr. dor. (*Rel. ancienne*).

Bel exemplaire.

138. — Terentii Comœdiæ. *Edinburgi*, 1758, pet. in-8, maroq. rouge, fil., tr. dor. (*Rel. ancienne*).

139. — P. Terentii Comœdiæ sex, cum notis et collegit Car. Zeunius. *Londini*, 1820, 2 vol. in-8, dem.-rel. v. f. — Scenicæ Romanorum poesis fragmenta recens. O. Ribbeck. *Lipsiæ*, 1855, 2 vol. gr. in-8, dem.-rel. mar. rouge avec coins, tête dor., non rog. — Ens. 4 vol.

140. — Théâtre complet des Latins, compr. Plaute, Térence et Sénèque le tragique, avec la traduct. en français, publié sous la direct. de Nisard. *Paris*, 1844, gr. in-8, dem.-rel. peau de truie. — Etudes sur le théâtre latin, par Meyer. *Paris*, 1847, in-8, dem.-rel. mar. noir avec coins, tr. marb. — Ens. 2 vol.

141. — Théâtre français au moyen âge, publié d'après les mss. de la Bibliothèque du Roi, par L.-J.-N. Monmerqué et Francisque Michel. *Paris*, 1839, gr. in-8, dem.-rel. maroq. vert avec coins, tr. marb.

142. — Maistre Pierre Pathelin, texte revu sur les mss. et les plus anc. éditions, avec une introduct. et des notes, par F. Génin. *Paris*, 1854, gr. in-8, dem.-rel. mar. vert avec coins, tête dor., non rog.

143. — Œuvres de P. Corneille, avec le comment. de

Voltaire et les jugements de La Harpe. *Paris*, 1821, 12 vol. in-8, dem.-rel. v. brun.

144. — Œuvres complètes de Molière, préc. d'une notice par L.-B. Picard. *Paris*, 1828, 6 vol. in-8, dem.-rel. v. viol.

145. — Œuvres complètes de J. Racine, préc. de son éloge, par La Harpe. *Paris*, 1834, 6 vol. in-8, pap. vélin, dem.-rel. v. vert.

146. — The plays and poems of Will. Shakespeare. *Londres*, *Pickering*, 1825, 11 vol. pet. in-8, port., dem.-rel. v. bleu.

147. — Œuvres complètes de Shakspeare, trad. de l'angl. par Letourneur, rev. et corr. par F. Guizot et A. P. (Amédée Pichot). *Paris*, 1821, 13 vol. in-8, port., rel. perc. chagr. noire.

148. — Tesoro del Teatro Espanol desde su origen hasta nuestro dias, por Don Eug. de Ochoa. *Paris*, 1838, 5 vol. in-8, port. sur acier, dem.-rel. mar. viol.

149. — Heliodori Æthiopica, græce (ed. Coray). *Paris*, 1804, 2 vol. in-8, dem.-rel. maroq. vert avec coins, tête dor., non rog. — Histoire du Roman dans l'antiquité grecque et latine, par A. Chassang. *Paris*, 1862, in-8, dem.-rel. maroq. Laval. avec coins, tr. marb. — Ens. 3 vol.

150. — Scriptores erotici græci, gr. et lat. recog. Chr. Guil. Mitscherlich. *Biponti*, 1792, 3 vol. in-8, dem.-rel. maroq. bleu, avec coins.

151. — Titi Petronii Arbitri Satyricon, cum fragmento et comment. edente Mich. Hadrianide. *Amst.*, 1669, in-8, front. gravé, mar. rouge à long grain, fil., tr. dor.

152. — L'histoire du châtelain de Coucy et de la dame de Fayel, publ. d'après le manuscrit de la Biblioth. du Roi et mise en franç. par G.-A. Crapelet. *Paris*, 1829, gr. in-8, pap. vélin, fig., cart.,

non rog. — Chansons du châtelain de Coucy, rev. sur les manuscrits par Francisque Michel, suiv. de l'anc. musique. *Paris*, 1830, gr. in-8, pap. de Hollande, br. — Ens. 2 vol.

153. — Un Spectacle dans un fauteuil, par Alf. de Musset. *Paris*, 1833, in-8, dem.-rel. maroq. vert avec coins, tr. marb.

Première édition.

154. — Œuvres de W. Scott, trad. par A.-J.-B. Defauconpret. *Paris*, 1843 et suiv., 30 vol. in-8, port. et fig. grav. sur acier, dem.-rel. maroq. Laval.

155. — El ingenioso hidalgo don Quixote de la Mancha, compuesto por Mig. de Cervantes Saavedra. *Madrid*, *Ibarra*, 1782, 4 vol. pet. in-8, port. et fig., v. rac., dent., tr. dor.

Jolie édition ornée de 24 charmantes fig. d'Ant. Carniciero.

156. — C. Plinii Secundi Epistolarum lib. decem, recens. Gott. Erdmann Gierig. *Lipsiæ*, 1800, 2 vol. in-8, dem.-rel. v. f. — Lettres inéd. de Marc-Aurèle et de Fronton, trad. avec le texte latin en regard et des notes par Arm. Cassan. *Paris*, 1830, 2 vol. in-8, dem.-rel. mar. vert avec coins, tête dor., non rog. — Ens. 4 vol.

157. — Les lettres de Pline le Jeune, trad. par de Sacy, avec le texte en regard. *Paris*, 1808, 3 vol. in-12, v. f., dent. sur les plats, tr. dor. (*Bozérian*).

Bel exemplaire de la bibliothèque de Pixérécourt.

158. — Œuvres de C. Sollius Apollinaris Sidonius, trad. en français avec le texte en regard et des notes, par J.-F. Grégoire et F.-Z. Collombet. *Paris*, 1836, 3 vol. in-8, dem.-rel. maroq. bleu.

159. — Lettres d'Abailard et d'Héloïse, trad. sur les mss. par E. Oddoul, préc. d'un essai histor. par M. et Mme Guizot, édit. illustr. par J. Gigoux. *Paris*, 1839, gr. in-8, fig. hors texte sur chine, dem.-rel. maroq. citron, tr. marb.

160. — Corpus paræmiographorum græcorum, edid. E. L. a Leutsch et F. G. Schneidewin. *Gottingæ*, 1839, 2 vol. gr. in-8, dem.-rel. mar. Laval.

161. — Auli Gellii Noctes Atticæ, cum comment. Ant. Thysii et Jac. Oiselii. *Lugd. Batav.*, 1666, in-8, front. gravé, vél. — Le Satyricon de T. Pétrone, traduct. nouv. avec les imitations en vers, etc., par J. de Guerle. *Paris*, 1835, 2 vol. in-8, dem.-rel. v. rouge. — Ens. 3 vol.

162. — Fabulæ Esopicæ, latina vers. notisque exornatæ cura Franc. de Furia *Lipsiæ*, 1810, 3 part. en 1 vol. in-8, dem -rel. v. f., non rog. — Babrii Fabulæ iambicæ, recens. latine convertit annot. J.-F. Boissonade. *Parisiis*, 1844, gr. in-8, dem.-rel. mar. rouge avec coins, tr. marb. — Ens. 2 vol.

163. — Satyre Ménippée de la vertu du Catholicon d'Espagne et de la tenue des Estats de Paris, augm. d'un comment. histor., littéraire et philolog., par Ch. Nodier. *Paris*, 1824, 2 vol. in-8, dem.-rel. mar. vert avec coins, tête dor., non rog.

164. — Plutarchi Opera, recognovit Th. Dœhner (græce-latine). *Parisiis*, 1846, 5 vol. gr. in-8, dem.-rel. mar. vert avec coins, tête dor., non rog.

165. — Luciani Samosatensis Opera gr. et lat. ad editiones Tiber. Hemsterhusii et J. Fred. Reitzii. *Biponti*, 1789-93, 10 vol. in-8, dem.-rel. v. f. avec coins, tr. marb.

166. — Œuvres complètes de M. T. Cicéron, trad. en français avec le texte en regard ; édit. publiée par Jos.-Vict. Le Clerc. *Paris*, 1825, 30 vol. gr. in-8, port , dem.-rel. maroq. bleu, tête dor., non rog.

Bel exemplaire en grand-papier vélin.

167. — Macrobe, Varron, Pomponius Méla, avec la traduct. en franç. publ. sous la direct. de Nisard. *Paris*, 1850, gr. in-8, dem.-rel. mar. vert avec coins, tête dor., non rog.

168. — De la collection des classiques latins publiés à Londres par Sandby et à Birmingham par Baskerville. 1749-1772, 7 vol. in-12, nombr. figures, v. f., dent. à froid sur les plats, tr. dor. (*Thouvenin*).

Horace, 2 vol. — Virgile, 2 vol. — Térence. 2 vol. — Catulle. Tibulle, Properce, 1 vol.

169. — De la collection des auteurs latins publiés par Barbou. *Paris*, 1754-1793, 58 vol. in-12, fig., v. m., fil., tr. dor.

Eutrope. — Lucain. — Esope, éd. Desbillons. — Phèdre. — Tite Live. — Juvénal. — Lucrèce. — Justin. — Cornelius Nepos. — Horace. — Cicéron. — Pline second, — Imitation, éd. Beauzée. — Th. de Bèze. — Salluste. — Plaute. — Velleius Paterculus. — Erasme. — Ovide. — Virgile. — César. — Tacite. — Pline.

170. — De la collection des auteurs latins, publiés par Lemaire. *Paris*, 1819-1838, 48 vol. en diverses reliures.

Lucain, 3 vol. — Perse, 1 vol. — Catulle. 1 vol. — Juvénal, 2 vol. — Plaute, 4 vol. — Tite Live. 12 vol. — Salluste, 1 vol. — Horace 3 vol. — Florus, 1 vol. — Martial, 3 vol. — Quintilien, 7 vol. — Lucrèce. 2 vol. — Suétone, 2 vol. — Silius Italicus, 2 vol. — J. Cæsar, 4 vol.

171. — De la Bibliothèque grecque latine, publ. par Didot, environ 20 vol. gr. in-8, en fascicules, non rog.

Plotin. — Appien. — Flav. Josèphe. — Erotici. — Hésiode. — Thucydide. — Lucien. — Polybe. — Hérodote. — Eschyle. — Anthologie. — Démosthène. — Euripide. — Xénophon. — Platon. — St Jean Chrysostome. — Etc.

172. — Seconde série de la bibliothèque latine-française, dep. Adrien jusqu'à Grégoire de Tours, publ. par C.-L.-F. Panckoucke. *Paris*, 1846 et suiv., 32 vol. in-8, dem.-rel. mar. rouge avec coins, tête dor., non rog.

173. — Œuvres complètes de Rollin, accompagn. d'observat. et d'éclaircissements histor., par Letronne. *Paris*, 1821-1825, 31 vol. in-8, v. brun, dent. à froid, tr. marb.

174. — Œuvres de Mirabeau. *Paris*, 1821, 8 vol. in-8, v. brun, dent. à froid, tr. marb.

175. — Renan (E.). Œuvres. *Paris,* 1857-1869, 7 vol. in-8, dem.-rel. maroq. Laval. avec coins, tr. marb.

Etudes d'histoire religieuse. — Le livre de Job. — Le Cantique des Cantiques. — Averroès et l'Averroïsme. — Vie de Jésus. — Les Apôtres. — Saint Paul.

176. — Examen crit. des plus célèbres écrivains de la Grèce, par Denys d'Halicarnasse, trad. en français avec des notes et le texte en regard, par E. Gros. *Paris,* 1826, 3 vol. in-8, dem.-rel. mar. noir.

177. — Histoire de la littérature grecque profane, par Schoell. *Paris,* 1823-1825, 8 vol. in-8, dem.-rel. mar. noir, tr. marb.

178. — J. Alb. Fabricii Bibliotheca latina, rectius digesta et aucta diligentia J. Aug. Ernesti. *Lipsiæ,* 1773, 3 vol. in-8, v. m. — Bibliotheca scriptorum classicorum et Græcorum et Latin. herausgegeben von W. Engelmann. *Leipzig,* 1847, gr. in-8, dem.-rel. mar. noir. — Ens. 4 vol.

179. — Tableau de la littérature du Nord au moyen-âge en Allemagne et en Angleterre, en Scandinavie et en Slavonie, par F.-G. Eichhoff. *Paris,* 1853, in-8, dem.-rel. maroq. Laval. avec coins, tr. marb.

180. — Daunou. Discours sur l'état des lettres au XIIIe siècle, préc. d'une notice sur l'aut. par Guérard. *Paris, s. d.* — Hist. de la querelle des anciens et des modernes, par H. Rigault *Paris,*1856. — Tableau de la littérature française au XVIIe siècle, avant Corneille et Descartes, par Demogeot. *Paris,* 1859. — Ens. 3 vol. in-8, dem.-rel. maroq. Laval. avec coins, tr. marb.

181. — Histoire de la littérature française à l'étranger depuis le commencement du XVIIe siècle, par A. Sayous. *Paris,* 1853, 4 vol. in-8, dem.-rel. maroq. Laval. avec coins, tr. marb.

182. — J.-F. Boissonnade. Critique littéraire sous le premier empire, publ. par F. Colincamp. *Paris,*

1863, 2 vol. in-8, port., dem.-rel. mar. rouge avec coins, tête dor , non rog. — Essais de morale et de critique, par E. Renan. *Paris*, 1859, in-8. dem.-rel. maroq. Laval. avec coins, tr. marb. — Ens. 3 vol.

183. — History of Spanish Literature, by G. Ticknor. *London*, 1863, 3 vol. in-8, rel. perc. viol., non rog.

HISTOIRE

184. — Pausaniæ Græciæ descriptio, gr. et lat., adnotationes adjecit C. God. Siebelis. *Lipsiæ*, 1822, 5 vol. in-8, dem.-rel. mar. noir avec coins, tête dor., non rog. — Polybii Historiæ gr. et lat. ex recens. J. Gronovii. *Lipsiæ*, 1764, 2 vol. in-8, v. m. — Ens. 7 vol.

185. — Description de la Grèce de Pausanias, traduct. nouv. avec le texte grec, par Clavier. *Paris*, 1814-1821, 6 vol. in-8, dem.-rel. mar. rouge, tr. marb.

186. — Strabonis Rerum Geographicarum lib. XVII græce, recens., adnotat. illustrav., Xylandri versionem emend. J. P. Siebenkees. *Lipsiæ*, 1796-1818, 7 vol. in-8, dem.-rel. mar. vert avec coins, tête dor., non rog.

187. — Strabonis Geographia (græce) edente Coray. *Parisiis*, 1815-1819, 4 vol. in-8, dem.-rel. v. f.

188. — Strabonis Geographica, græce cum versione reficta, curantib. C. Müllero et F. Dübnero. *Parisiis*, 1853, gros vol. gr. in-8, carte, dem.-rel. maroq. vert avec coins, tête dor., non rog.

189. — Athènes décrite et dessinée par E. Breton, suivie d'un voyage dans le Péloponèse. *Paris*, 1862, gr. in-8, fig., dem.-rel. maroq. Laval. avec coins, tr. marb.

190. — Voyage pittoresque en Espagne, en Portugal et sur la côte d'Afrique, de Tanger à Tétouan, par

J. Taylor. *Paris*, 1826, 3 vol. gr. in-4, pap. vélin, nombreuses fig. sur acier, br.

191. — Perrot (G.). Souvenirs d'un voyage dans l'Asie-Mineure. *Paris*, 1867, in-8, dem.-rel. mar. Lavall., avec coins, tr. marb. — L'Ile de Crète, souvenirs de voyage. *Paris*, 1867, in-12, dem.-rel. mar. Lavall., avec coins, tr. marb. — Ens. 2 vol.

192. — Flavii Josephi Hebræi Opera omnia, gr. et lat., curavit Fr. Oberthür. *Lipsiæ*. 1882, 3 vol. in-8, dem.-rel. mar. noir, avec coins, tête dor., non rog. — Des doctrines religieuses des Juifs pendant les deux siècles antérieurs à l'ère chrétienne, par Mich. Nicolas. *Paris*, 1860, in-8, dem.-rel mar. bleu, avec coins, tr. marb. — Ens. 4 vol.

193. — Herodoti Halicarnassei Historiarum lib. IX, gr. et lat., editionem curavit P. Wesselingius. *Amstel.*, 1763, gr. in-fol., front. gravé, vél. de Hollande, dent. dor. sur les plats. (*Aux armes de la ville d'Amsterdam*).

194. — Herodoti Halicarnassei Historiarum lib. IX, emend. G. H. Schæfer. *Lipsiæ*, 1800, 3 vol. in-8, dem.-rel. mar. noir, avec coins, tête dor., non rog. — Le même, traduit en grec moderne, par A. Patin. *Athènes*, 1836, 3 vol. in-8, dem.-rel. mar. noir, avec coins, tête dor., non rog. — Ens. 6 vol.

195. — Herodoti Musæ sive Historiarum lib. IX, adnotav. et illustrav. J. Schweighauser. *Argentorati*, 1816, 7 vol. in-8, portr., v. vert, dent. à froid et fil. dorés sur les plats, tr. marb.

196. — Xenophontis quæ extant, recens. et interpretav. J. Gott. Schneider. *Lipsiæ*, 1838, 6 vol. in-8, dem.-rel. mar. noir, avec coins, tête dor., non rog.

197. — Xenophontis scripta quæ supersunt, gr. et lat. *Parisiis*, 1853, gr. in-8, dem.-rel. mar. vert, avec coins, tête dor., non rog. — Œuvres complètes de Thucydide et de Xénophon, avec notices par

J.-A.-C. Buchon. *Paris*, 1836, gr. in-8, dem.-rel. mar. vert, avec coins. — Ens. 2 vol.

198. — Thucydidis de bello Peloponnesiaco, lib. octo, (gr. et lat.), edition. curav. Car. And. Dukerus. *Amstel.*, 1731, gr. in-fol., front. et vign. par Debrie et Du Bourg, cartes, v. m., fil.

199. — Thucydidis de Bello Peloponnesiaco, lib. VIII, gr. et lat., ad edit. J. Wasse et C. A. Dukeri. *Biponti*, 1788, 6 vol. gr. in-8, dem.-rel. mar. Lavall., avec coins, tête dor., non rog.

200. — Thucydidis de bello Peloponnesiaco lib. octo (græce), accurav. et edid. Chr. Ferd. Haacke. *Lipsiæ*, 1831, in-8, dem.-rel. maroq. Lavall. — Lexicon Thucydideum confecit E. A. Bétant. *Genevæ*, 1843, 2 vol. in-8, dem.-rel. mar. vert, avec coins, tête dor., non rog. — Ens. 3 vol.

201. — Thucydidis de bello Peloponnesiaco lib. octo ed. Ern. Frid. Poppo. *Lipsiæ*, 1821-1840, 3 part. en 11 vol. in-8, dem.-rel., mar. rouge.

202. — Polybii Megalopolitani Historiæ (græce), recens. Joh. Schweighæuser. *Lipsiæ*, 1789-1795, 9 vol. — Supplementum edit. Polybii Schweighæuser, contin. Æneæ tactici commentar. edid. Conr. Orellius. *Lipsiæ*, 1818, 1 vol. — Ens. 10 vol. in-8, dem.-rel. v. brun, avec coins.

203. — Polybii Historiarum reliquiæ, gr. et lat. *Paris.*, 1859, 2 part. en 1 vol. gr. in-8, dem.-rel. maroq. vert, avec coins, tête dor., non rog.

204. — Appiani Alexandrini Romanarum Historiarum libri, gr. et lat., emendav. et annotavit J. Schweighæuser. *Lipsiæ*, 1785, 3 gros vol. in-8, front gravé, dem.-rel. v.

205. — Diodori Siculi Bibliothecæ historicæ libri qui supersunt. cum interpretat. latina Laur. Rhodomani. *Biponti*, 1793, 11 vol. in-8, dem.-rel. v. ant., avec coins.

206. — Dionysii Halicarnassensis Opera gr. et lat., cum annotat. J. Jac. Reiske. *Lipsiæ*, 1774, 6 vol. in-8, front. gravé, vél.

207. — Eusebii Pamphili Historiæ ecclesiasticæ, lib. decem, græcum textum, collat. annot., prolegomena et indices adjecit Hugo Læmmer. *Scaphusiæ*, 1862, gr. in-8, dem.-rel. mar. vert, avec coins, tête dor., non rog. — Le Christianisme et ses origines, par Ern. Havet. *Paris*, 1872, 2 vol. in-8, br. — Ens. 3 vol.

208. — Corpus scriptorum historiæ Byzantinæ, ex emendat. et consil. B. G. Niebuhr. *Bonnæ*, 1828-1853, 48 vol. in-8, dem.-rel. maroq. Lavall., avec coins, tr. marb.

Bel exemplaire d'une collection estimée, — Manque le tome II d'Anne Comnène.

209. — Antiqua Historia ex ipsis veterum scriptorum græcorum narration. contexta, edid. J. God. Eichhorn. *Lipsiæ*, 1814, 4 vol. in-8, cart., non rog.

210. — The History of Greece, by C. Thirlwall. *London*, 1845, 8 vol. in-8, cartes, rel. perc., n. rog.

211. — The History of Greece, by G. Grote. *London*, 1862, 8 vol. in-8, cartes, rel. perc., non rog.

212. — Beulé (E.). Etudes sur le Péloponèse. — Auguste, sa famille et ses amis. — Hist. de l'art grec avant Périclès. — Tibère et l'héritage d'Auguste. Le sang de Germanicus. *Paris*, 1855-1869, 5 vol. in-8, br.

213. — Recherches sur les établissements des Grecs en Sicile, jusqu'à la réduction de cette île en province romaine, par Brunet de Presle. *Paris*, 1845, in-8, dem.-rel. v. brun.

214. — Eusebii Pamphili Cæsariensis episc. Chronicon bipartitum græco-armeno-latinum, cum adnotation. J. Bapt. Aucher Ancyrani *Venetiis*, 1818, 2 vol. in-4. pap. velin, dem.-rel. maroq. Lavall., avec coins, tête dor., non rog.

215. — Letronne. Recherches pour servir à l'hist. de l'Egypte pendant la domination des Grecs et des Romains. *Paris*, 1823. in-8, fig., dem.-rel. v. rouge. — Lettres sur l'emploi de la peinture histor. murale chez les Grecs et les Romains. *Paris*, 1835. 2 part. en 1 vol. in-8. fig., dem.-rel. v. f., tr. marb. — Mélanges d'érudition et de critique, préc. de l'éloge de l'aut. par le baron Walckenaer. *Paris*, *s. d.*, in-8, portr., dem.-rel. mar. Lavall., avec coins, tr. marb. — Ens. 3 vol.

216. — Dionis Cassii Cocceiani Historiarum Romanarum libri, gr. et lat., ed. Fr. Guil. Sturzius. *Lipsiæ*, 1824-1843, 9 vol. in-8, dem.-rel. v. f.

217. — C. Corn. Taciti opera quæ exstant ex recens. Th. Ryckii. *Lugd. Batav.*, 1687, in-8, front. gravé, vél. de Hollande, fil. et ornem. dorés sur les plats. (Exemplaire en grand papier). — C. Sallustii Catilinaria et Jugurthina bella. *Parisiis, an VI*, in-12, pap. vélin, v. f., dent., tr. dor. — Ens. 2 vol.

218. — C. Corn. Tacitus, cum selectis variorum notis cura P. F. de Calonne. *Parisiis*, 1824, 5 vol. gr. in-8, dem.-rel. maroq. Lavall., tête dor., non rog.

219. — Caius Suetonius Tranquillus. *Parisiis, e typogr. regia*, 1644, pet. in-12, front. gravé et vignettes, mar. rouge, fil., tr. dor. (*Rel. anc.*).

220. — Historiæ Augustæ scriptores, cum notis variorum. *Lugd. Batav.*, 1671, 2 vol. in-8, front. gravé, vél. — Examen critique des historiens anciens de la vie et du règne d'Auguste, par E. Egger. *Paris*, 1844, in-8, dem.-rel. maroq. Lavall., avec coins, tr. marbr. — Ens. 3 vol.

221. — Ammianus Marcellinus, cum notis Aug. Erfurdt. *Lipsiæ*, 1808, 3 vol. in-8, dem.-rel. mar. noir, avec coins, tête dor., non rog.

222. — History of the Romans under the Empire, by Ch. Merivale. *London*, 1865, 6 vol. pet. in-8, cartes, cart. perc., non rog.

223. — Histoire de Jules César (par Napoléon III). *Paris*, 1865, 2 vol. gr. in-8, br.

224. — Histoire de la destruction du Paganisme en Occident, par A. Beugnot. *Paris*, 1835, 2 vol. in-8, dem.-rel. v. viol.

225. — Thierry (Amédée). Histoire des Gaulois. *Paris*, 1857, 2 vol. — Histoire d'Attila et de ses successeurs. *Paris*, 1856, 2 vol. — Ens. 4 vol. gr. in-8, dem.-rel. mar. bleu, avec coins, tête dor., non rog.

226. — Reinaud. Invasion des Sarrazins en France et de France en Savoie, en Piémont et dans la Suisse pendant les VIIIe, IXe et Xe siècles de notre ère. *Paris*, 1836, in-8, dem.-rel. mar. vert. — Relations commerciales et polit. de l'empire romain avec l'Asie orientale pend. les cinq prem. siècles de l'ère chrétienne. *Paris*, 1862, in-8, dem.-rel. mar. Lavall., avec coins, tr. marb. — Ens. 2 vol.

227. — Gregorii Turonensis Historiæ Francorum lib. decem. — Adonis Viennensis chronica. *Parisiis*, *Guil. Morel.*, 1561, in-8, v. m.

228. — Histoire de France depuis les temps les plus reculés jusqu'en 1789, par H. Martin. *Paris*, 1844-1854, 19 vol. in-8, cartes, dem.-rel. mar. noir, avec coins, tête dor., non rog.

229. — Bibliothèque des Croisades, par Michaud. *Paris*, 1829, 4 vol. — Histoire des Croisades, par Michaud. *Paris*, 1838, 6 vol. — Ens. 10 vol. in-8, cartes, dem.-rel. maroq. viol.

230. — Collection des Mémoires relatifs à l'hist. de France, depuis la fondation de la monarchie franç. jusqu'au XIIIe siècle, avec une introduct., des supplémens, des notices et des notes, par Guizot. *Paris*, 1823-1834, 31 vol. in-8, dem.-rel. mar. noir, tr. marb.

231. — Chroniques étrangères relat. aux expéditions

françaises pendant le XIIIe siècle, publ. pour la prem. fois, élucid. et trad. par J.-A.-C. Buchon. *Paris*, 1841, gr. in-8, dem.-rel. mar. Lavall., avec coins.

232. — Collection des chroniques nationales françaises écrites en langue vulgaire du XIIIe au XVIe siècle, avec notes et éclaircissem. par J.-A. Buchon. *Paris*, 1826 et suiv., 32 tom. en 30 vol. in-8, dem.-rel., mar. noir.

Il manque à la collection les Chroniques de Froissart, 15 vol.

233. — Nouv. collection des mémoires pour servir à l'hist. de France depuis le XIIIe siècle jusqu'à la fin du XVIIIe, par Michaud et Poujoulat. *Paris*, 1839, 33 vol. gr. in-8, dem.-rel. mar. viol

Manque la 1re partie du tome I de la 2e série.

234. — Histoire de Charles VIII, roi de France, par C. de Cherrier. *Paris*, 1870, 2 vol. in-12, dem.-rel. mar. viol., avec coins, tr. marb. — Cronique du roy Françoys premier de ce nom, publ. pour la prem. fois avec une introduct. et des notes par G. Guiffrey. *Paris*, 1860, gr. in-8, br. — Ens. 2 vol.

235. — Réimpression de l'ancien Moniteur depuis la réunion des Etats-généraux jusqu'au Consulat, avec des notes explicatives. *Paris*, 1843, 32 vol. in-4, fig., dem.-rel. mar. noir.

236. — Etat de la France en 1789, par P. Boiteau. *Paris*, 1861, in-8, dem.-rel. maroq. vert, avec coins, tr. marb.

237. — Em. Campardon. Histoire du tribunal révolutionnaire de Paris, d'après les docum. orig. *Paris*, 1862, 2 vol. in-12. dem.-rel. v. f.

238. — Histoire de la Révolution française, par A. Thiers. *Paris*, 1846, 8 vol. in-12, dem.-rel. v. f., non rog.

239. — Histoire des Cabinets de l'Europe pendant le Consulat et l'Empire, par A. Lefebvre. *Paris*, 1845, 3 vol. in-8, dem.-rel. mar. noir.

240. — Napoléon apocryphe, hist. de la conquête du monde et de la monarchie univers. par L. Geoffroy. *Paris*, 1841, in-8, dem.-rel. maroq. vert, avec coins, tr. marb.

241. — Histoire de la conquête de l'Angleterre par les Normands, par Augustin Thierry. *Paris*, 1830, 4 vol. in-8, dem.-rel. v. vert.

242. — Histoire des Républiques italiennes du moyen-âge, par Simonde de Sismondi. *Paris*, 1826, 16 vol. in-8, dem.-rel maroq. vert.

243. — Charles-Quint, son abdication, son séjour et sa mort au monastère de Yuste, par Mignet. *Paris*, 1854, gr. in-8, dem -rel. maroq. Lavall., av. coins, tr. marb.

244. — La jeunesse de Catherine II, par Ch. du Bouzet. *Paris*, 1860, pet. in-8, mar. vert, fil. à froid, dent. int., tr. dor.

245. — Archæologia græca, or the antiquities of Greece, by J. Potter. *Edinburgh*, 1827, 2 vol. in-8, fig. et cartes, dem.-rel. mar. noir, avec coins, tr. marb. — Roman Antiquities, or an account of the manner and customs of the Romans, by Al. Adam. *London*, 1834, in-12, fig. et cartes, dem.-rel. maroq. Lavall., avec coins, tr. marb. — Ens 3 vol.

246. — Histoire des Religions de la Grèce antique depuis leur origine jusqu'à leur complète constitution, par L.-F.-Alf. Maury. *Paris*, 1857, 3 vol. in-8, dem.-rel. mar. Lavall., avec coins, tr. marb.

247. — La Cité antique, étude sur le culte, le droit, les institutions de la Grèce et de Rome, par Fustel de Coulanges. *Paris*, 1864, in-8, dem.-rel. maroq. Lavall., avec coins, tr. marb. — Hist. de la démocratie athénienne, par A. Filon. *Paris*, 1854, in-8, dem.-rel. maroq. brun, avec coins, tr. marb. — Ens. 2 vol.

248. — Dictionnaire raisonné de diplomatique, par

Dom de Vaines. *Paris*, 1774, 2 vol. in-8, v. m. — Paléographie des chartes et des manuscrits du XIe au XVIIe siècle, par A. Chassant. *Paris*, 1862, in-8, planches, dem.-rel. maroq. viol., avec coins, tête dor., non rog. — Dictionnaire des abréviations latines et françaises du moyen-âge, par L.-A. Chassant. *Paris*, 1862, in-8, dem.-rel. mar. viol., avec coins, tête dor., non rog. — Ens. 4 vol.

249. — Mémoires sur l'anc. chevalerie, par La Curne de Ste-Palaye, avec une introd. et des notes histor. par Ch. Nodier. *Paris*, 1826, 2 vol. in-8, fig. coloriées, dem.-rel. v. brun. (*Lesné*).

250. — Choix de Testamens anc. et mod., avec des détails histor. et des notes, par G. Peignot. *Dijon*, 1829, 2 vol. in-8, v. rac., dent.

251. — Recherches histor. et littéraires sur les Danses des morts et sur l'origine des cartes à jouer, par Gab. Peignot. *Paris*, 1826, in-8, fig., v. viol., ornements à froid et fil. dor. sur les plats, tr. marb.

252. — Annuaire historique, par C.-L. Lesur. *Paris*, 1818-59, 42 vol. in-8, dem.-rel. v. f.

253. — Plutarchi Vitæ parallelæ, gr.-lat., recens. J. Reiske. *Lipsiæ*, 1774-1782, 12 vol. in-8, dem.-rel. mar. noir, tr. marb.

254. — Plutarchi Vitæ parallelæ græce, edente D. Coray. *Parisiis*, 1809-1815, 6 vol. in-8, front. et portr., dem.-rel. mar. rouge, avec coins, tête dor., non rog. — Lexicon Plutarcheum, compos. Dan. Wyttenbach. *Lipsiæ*, 1843, 2 vol. in-8, dem.-rel. v. bleu. — Ens. 8 vol.

255. — Notes histor. sur la vie de Molière, par A. Bazin. *Paris*, 1851, pet. in-8, dem.-rel. maroq. vert, avec coins, tête dor., non rog. — Recherches sur Molière et sur sa famille, par Eud. Soulié. *Paris*, 1863, in-8, dem.-rel. maroq. viol., avec coins, tr. marb. — Ens. 2 vol.

256. — Vie de Rossini, par de Stendhal (H. Beyle). *Paris*, 1824, 2 vol. in-8, portraits, v. rouge, ornem. à froid sur le dos et les plats, tr. dor.

257. — La vie politique de Royer-Collard, ses discours et ses écrits, par de Barante. *Paris*, 1861, 2 vol. in-8, dem.-rel. mar. vert, avec coins, tr. marb.

258. — Manuel du libraire et de l'amateur de livres, par J.-Ch. Brunet. *Paris, Silvestre*, 1842-44, 5 vol. gr. in-8, dem.-rel. en peau de truie, avec coins, tête dor., non rog.

FIN

N.-B. — **Environ 1.000 volumes non catalogués** et en très bonne condition, provenant de la même bibliothèque, *seront vendus par lots*, à la fin de chaque vacation.

DOLE. — TYP. CH. BLIND.

www.ingramcontent.com/pod-product-compliance
Ingram Content Group UK Ltd.
Pitfield, Milton Keynes, MK11 3LW, UK
UKHW020507180726
13839UKWH00004B/1947